NOTICE

SUR

M. L'ABBÉ GARRAVÉ

Décédé le 7 juillet 1865

Par l'un de ses anciens Élèves

M. L'ABBÉ FRANÇOIS MONDON

MARSEILLE

LITHOGRAPHIE MARTAIN

Cours Belsunce, 57

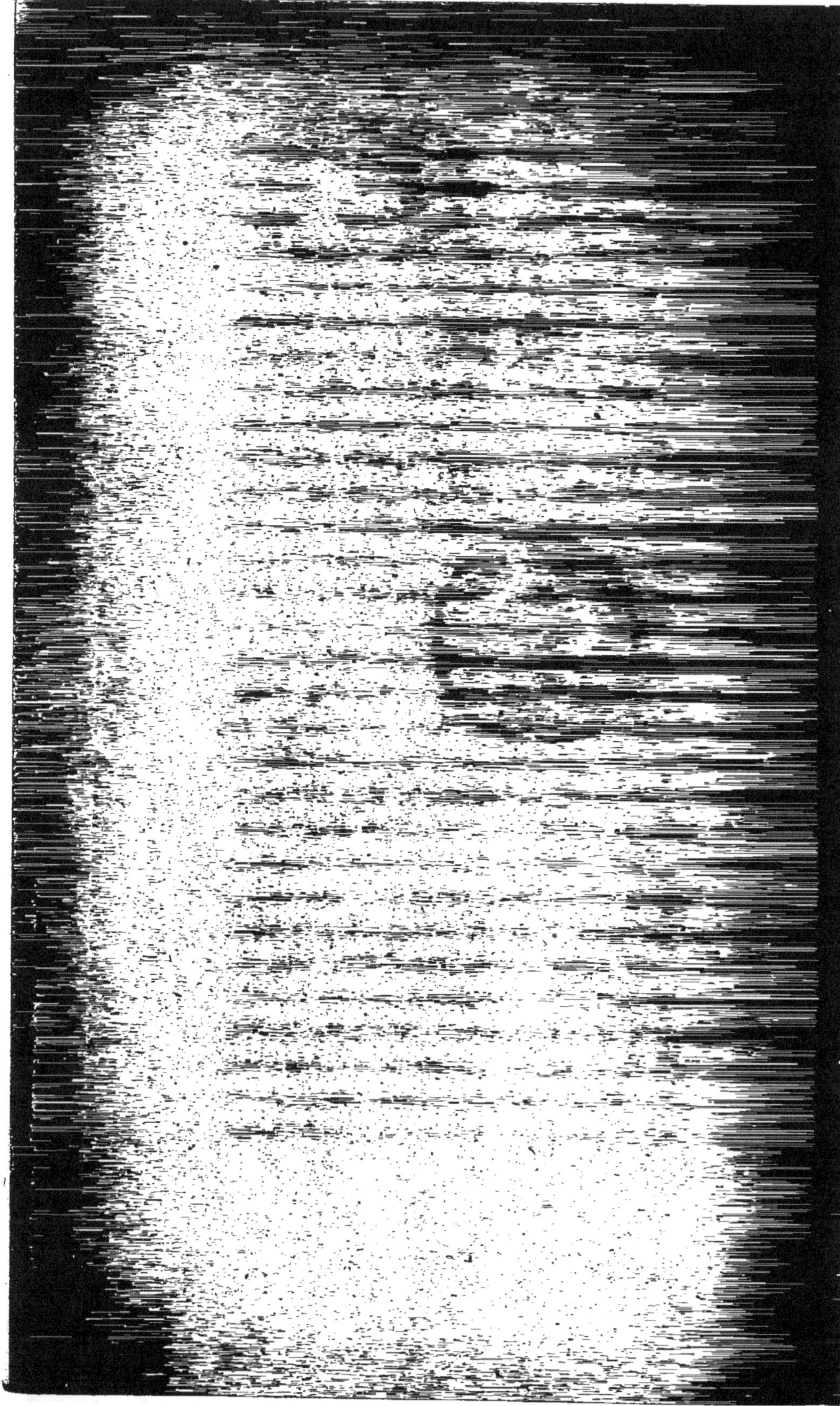

NOTICE

SUR

MONSIEUR L'ABBÉ GARRAVÉ

Décédé le 7 juillet, 1865

S'il est triste et douloureux pour moi de venir inscrire ici, après tant d'autres, le nom de Monsieur l'abbé Garravé dont le deuil est encore si récent, c'est en même temps une jouissance et une consolation d'en parler, car son amitié me rendait fier de le faire connaître, admirer et aimer ; c'est un besoin, c'est un soulagement pour mon cœur de révéler à tous, ces douces qualités, ces aimables vertus qu'il ignorait lui seul et qu'il essayait en vain de dérober à tous les yeux.

Que de traits saillants m'ont frappé dans cette vie sitôt faite, dans cette âme s'en allant jeune de ce monde, et si belle, si élevée, si exquise de douceur et d'amitié!

Mais à quoi servira ce mémorandum ? Pour qui ? hélas ! « Pour moi, je l'aimerai, *comme on aime un reliquaire où se trouve un cœur mort*, tout embaumé de sainteté et d'amour. Ce papier où je te conserve, ami tant aimé, où je te garde, que je puisse le retrouver dans ma vieillesse..... si je vieillis ! »

Monsieur l'abbé Garravé naquit à St-Bertrand de Comminges le 4 avril 1836. Doué des plus heureuses dispositions, d'un cœur parfait, d'un esprit juste et pénétrant, d'un caractère vif et gai, naturellement spirituel et aimable, il passa ses premières années dans la solitude de cette ville.

L'antique cité de Comminges est située sur une élévation. On connaît ses montages élevées et pittoresques, sa nature sauvage et grandiose, hé bien le spectacle de ces beautés frappa de bonne l'eure le jeune Léon. Agé de huit ans, il aimait à errer avec ses compagnons d'enfance, pour embrasser d'un coup d'œil les profonds ravins, ou la vaste étendue des cieux. Enfant de ces montagnes, il était admirateur passionné de leur nature. Son imagination se développa riche, féconde. En même temps la main de Dieu ouvrait son cœur à l'amour de son Créateur, et les bons exemples de sa famille l'inclinant à la piété, il annonça dès ses premières années ce qu'il serait un jour.

La ville de Comminges possédait alors un collége. C'est là que le jeune Léon vint puiser les premières notions de la langue latine. Concentré dans la retraite, avec l'amour de l'étude, il acquit bientôt et cette constance de méditation qu'il a su si bien conserver et cette heureuse habitude de juger et de réfléchir.

Sa modestie, sa prudence, sa maturité bien au-dessus de son âge, firent juger à ceux qui le voyaient de près, qu'une lampe dont la lumière était déjà si vive pourrait très utilement servir dans la maison du Seigneur. On le détermina à embrasser l'état ecclésiastique, pour se consacrer plus particulièrement à Dieu, et s'il fréquenta le séminaire de Polignan, ce fut afin d'aller puiser à une bonne source cette science divine qui avait tant d'attraits pour lui.

Le jeune Léon répondit à la sollicitude et aux espérances de ses parents. Il suivit à Polignan son cours d'humanité. Une aptitude singulière à tout apprendre, une mémoire prodigieuse, lui firent faire de progrès rapides. Il s'appliquait à retenir les beaux morceaux des anciens poètes que son âge lui permettait de sentir et de goûter. Cette habitude, trop négligée aujourd'hui, contribue à familiariser de bonne heure l'oreille des enfants à une certaine harmonie de style qui devient ensuite l'ornement de la pensée et assure le pouvoir de l'éloquence. Il aimait la Bible. La première fois qu'il lut ce livre divin, son âme éprouva une émotion qu'il n'avait point encore ressentie. Tous les charmes de la poésie et de la littérature profane s'éclipsèrent à l'aspect de ces grandes images et de ces hautes conceptions qui déjà transportaient et exaltaient son imagination. L'abbé Garravé aimait à se rappeler dans la suite de sa vie cette première impression ; il en retraçait le sentiment avec la même vivacité qu'il l'avait éprouvé, lorsqu'aux jours de son enfance cette lueur soudaine était venue briller à son esprit et à échauffer son âme.

Animé de la plus tendre piété envers Marie, il fut parmi les jeunes lévites du séminaire, un des plus empressés à venir se ranger sous sa bannière, car il s'estimait heureux d'être compté au nombre des enfants de la reine des Vierges et d'inscrire son nom sur les registres de la Congrégation.

En Rhétorique, classe que dirigeait et dirige encore Monsieur Bize, aujourd'hui chanoine (1), il obtint le prix d'honneur. Ce prix d'honneur avait été institué par Monseigneur Mioland pour les classes supérieures de rhétorique, d'humanité et de troisième des séminaires réunis de l'Esquile et de Polignan.

Ce prix, qui consiste en une médaille de vermeil, était décerné à l'élève de chacune de ces classes qui avait obtenu le plus de succès dans trois compositions de divers genres, faites concurremment et à diverses époques de l'année scolaire. La même année il soutint avec une rare distinction les épreuves du baccalauréat ès-lettres. Il n'avait pas encore dix-huit ans. Une année au grand Séminaire, cinq années au professorat dans les classes inférieures du petit Séminaire de Polignan éprouvèrent et assurèrent sa vocation. Il reçut la prêtrise l'année 1860. Il était alors professeur de cinquième.

Supérieur aux idées d'ambition et de vaine gloire, Monsieur l'abbé Garravé, au lieu d'entrer dans le ministère sacerdotal, voulut rester, ou plutôt fut engagé à rester comme professeur à Polignan. On avait trop bien su apprécier son mérite pour ne pas voir avec peine l'éloignement d'un sujet qui avait déjà rendu et

(1) En qui on voit réunies l'indulgente bonté, la science et la vertu, Monsieur Bize dont le nom sera toujours cher à nos cœurs.

pouvait rendre encore de si grands services. Les enfants, il les élevait doucement, gaiement, avec tous les soins possibles. Comme il aimait à ouvrir ces petites intelligences, à voir quels parfums sont renfermés dans ces boutons de fleurs !

Il professa pendant trois ans la classe de cinquième. Puis après avoir laissé mûrir dans cette solitude ses talents et ses vertus, il professa les belles-lettres ; mais loin de s'enorgueillir de ce titre qui aurait peut-être flatté une âme moins humble il ne s'en servit que pour s'humilier davantage. Comme il sut allumer dans l'âme des jeunes gens confiés à ses soins le feu sacré dont il brûlait lui-même ! Ah ! il savait que la donceur opère des conversions, au lieu que la violence n'enfante que l'hypocrisie.

Quand il fallait faire une réprimande, il s'acquittait de ce soin pénible avec tant de charité, tant d'ingénieuse délicatesse qu'il semblait excuser les coupables plutôt que de les condamner. La réprimande dans sa bouche perdait toute son amertume ; bien plus il possédait le talent fort rare de faire avouer ses torts à celui qui avait failli, sans blesser son amour-propre ; il ne voulait humilier personne ; aussi on le quittait pénétré de reconnaissance pour son indulgence et animé du désir sincère de se conformer à ses sages avis.

Dans la chaire d'humanités, il y porta des connaissances très étendues, une mémoire heureuse, une imagination brillante, le talent de bien parler et l'art de se faire aimer, qui n'est pas le même que l'art de plaire. Ces brillantes qualités lui gagnaient tous les cœurs! mais il ne les gardait pas pour lui! il les donnait à Dieu.

Cette même année ses élèves — et j'étais du nombre, — travaillèrent à un journal. Il pourra sembler extraordinaire aux esprits superficiels que de jeunes humanistes travaillent à un journal : Hé bien, je ne crains pas de le dire, nous élèves de seconde, nous travaillions à un journal qui portait bravement ce nom : *Écho des Humanités* ; et ce travail qui était pour tous plein d'attraits n'était pas toutefois sans utilité. Le but principal de ce journal était d'exciter notre émulation. Ce but fut atteint grâce aux efforts de notre cher professeur que, tout en approvisionnant et ornant nos intelligences, ennoblissait nos âmes et leur inspirait de généreuses pensées.

Notre journal était recommandé par une charmante introduction de Monsieur l'abbé Garravé. La recommandation était excellente, et le journal valut-il la recommandation? C'est ce que je ne puis dire ici. Tout de que je sais, c'est que des articles de critique littéraire sortaient souvent de la plume exercée de Monsieur Garravé pour venir enrichir les colonnes de notre journal Qu'il me soit permis de citer ici une de ses critiques, c'est la critique d'un devoir qui a pour sujet : Christophe Colomb va à la découverte d'un nouveau monde.

« L'auteur nous transporte subitement sur l'Océan par cette exclamation qui ouvre la scène : Où va

Colomb ? etc. Mais pourquoi cette tristesse des matelots ?

1º Parce que, lassés d'une navigation si longue et si périlleuse, ils regrettent leur patrie et les chers objets qu'ils y ont laissé et qui peut-être pensent à eux dans ce moment.

2º Parce que leurs efforts demeurent infructueux et qu'ils n'aperçoivent jamais devant leurs yeux *qu'un horizon qui toujours recommence.* (Bonnes expressions).

Épisode..... Une lueur d'espoir. Soudain, etc..... Cette soudaineté rend bien le cœur humain toujours si prompt à renaître à l'espérance. Déception, comparaison vraie et trouchante. Le désespoir succède à la déception et engendre la colère contre celui qu'ils accusent d'être l'auteur de leur malheur. Noble attitude de Colomb, pittoresquement exprimé en peu de mots. Il prend la parole.

1º S'il leur a imposé le plus héroïque des sacrifices et les expose aux plus graves dangers, c'est que la grandeur de l'entreprise en est digne : Découverte d'un nouveau monde. Ce début est aussi naturel qu'habile. L'égoïsme formait dans le cœur des matelots le premier et plus fort obstacle : la première précaution qu'il fallait prendre, c'était de la réfuter par la grandeur du but qu'ils doivent atteindre.

Mais un but si élevé nécessite de grands moyens d'exécution. Ce moyen quel est-il ?

2º Dieu. C'est le deuxième argument. On voit combien il est naturellement amené. Et quand on songe qu'il propose Dieu pour auxiliaire à un peuple aussi profondément religieux, on ne peut se défendre d'admirer l'adresse de l'amiral. Ici, peut-être, aurait-il pu fortifier son argument en leur démontrant en peu de mots, que Dieu ne pouvait leur refuser son secours, puisque du succès de leur entreprise devait dépendre la propagation de sa religion.

3° D'ailleurs, continue-t-il, Dieu ne nous a-t-il pas secondés jusqu'ici ? Passages libres..... pas de tempêtes.

4° Sans doute la navigation a été longue, mais elle touche à son terme. Ici, s'appuyant sur le plus solennel serment, il achève de porter la conviction dans les esprits, en leur affirmant que la terre n'est pas loin. Et quand ils l'auront découverte, l'univers étonné admirera et redira leur gloire, Il réfute au début l'égoïsme hostile à sa cause ; il finit en l'intéressant ingénieusement à cette même cause, par la perspective d'une gloire incomparable. Il y a là un grand art, qui témoigne d'une rare connaissance du cœur humain. — Il termine enfin par ce cri qui achèvera d'entraîner l'équipage : Marchons! Marchons !

Le silence est la réponse des matelots. C'est naturel : la prevention vaincue ne sait que s'étonner et admirer. Mais Colomb sentant la supériorité de sa situation, en profite pour produire comme un dernier coup de théâtre : il saisit son épée, etc..... Impossible maintenant de résister. On ne pouvait mieux ménager l'art et l'intérêt de la situation.

Changement de scéne. Tout semble s'ouvrir à l'espérance : le ciel, à l'aurore d'un beau jour, la mer, les airs embaumés de senteurs suaves. Soudain un cri : Terre ! Terre ! Le tableau qui nous représente les transports des matelots est sobre et bien peint. Mais leur allocution à Colomb termine mal la scène, par une diffusion un peu vulgaire qui déguise mal la pauvreté du fond. »

Cette page que je viens de transcrire peut donner une idée de son talent, et du goût très délicat qu'il avait en littérature.

Le plus importants des devoirs dans un Séminaire est, à coup sûr, de donner aux élèves une éducation religieuse et morale. C'est aussi le premier auquel on voulut satisfaire en faisant appel au zèle intelligent de Monsieur l'abbé Garravé pour professer le premier cours d'instruction religieuse. C'étaient tantôt des catéchismes raisonnés, tantôt des discours où il s'élevait parfois jusqu'à l'éloquence. On goûtait la forme, le tour original que prenaient dans ses discours sur la religion les preuves même les plus communes.

Dans ses moments de loisir, une de ses plus douces distractions, c'était la poésie. Il composa quelques pièces de vers, quelques satires ; et la tournure fine, délicate, parfois malicieuse de son esprit leur assura assez de succès.

Il aimait aussi et connaissait la musique, chose si bonne, si douce pour les malaises de l'âme.

Ceux qui ont eu Monsieur l'abbé Garravé pour professeur et pour ami ne se souviennent pas sans attendrissement de la bonté toute paternelle avec laquelle

il les traitait. Un cœur comme le sien était fait pour
connaître les pures et saintes joûissances de l'amitié,
pour en sentir tous les charmes, ou plutôt pour les
faire comprendre et sentir à tous ceux qu'il honorait
de son affection. Ami sincère, tendre, dévoué, on pouvait sans crainte s'appuyer sur son cœur et verser son
âme dans la sienne, sans avoir à craindre aucune
déception. Etranger à ces petites susceptibilités, à ces
mesquines jalousies qui naissent de l'amour-propre,
il se contentait de peu, donnait beaucoup, n'exigeait
rien de ses amis, et croyait leur tout devoir. Leur
arrivait-il quelque chose d'heureux, sa joie si franche
et si sincère doublait leur joie ; les voyait-il au con-
traire dans la peine, il accourait, son cœur voulait à
l'instant s'associer à leurs souffrances, et s'il ne parve-
nait pas à les adoucir, il savait au moins les partager.
C'est chose charmante que des amis de la sorte,
devoués et désintéressés. On n'en trouve guère !

Prudent, éclairé, d'une discrétion à toute épreuve,
il était le conseil de cette aimable jeunesse qui venait
avec confiance réclamer les lumières de sa sagesse et
de son expérience. Il saisissait avec un tact parfait la
position de chacun, envisageait cette position sous son
véritable point de vue, prévoyait avec une rare saga-
cité tous les inconvénients ou avantages qui pourraient
résulter d'une démarche ou d'une détermination qu'on
soumettait à son jugement.

Avec tous ces titres *cet aimable instituteur de la
jeunesse* délaissé dans l'humble désintéressement d'un
tel mérite, ne se vit presque jamais prévenu par aucune

grâce. N'en soyez pas étonné, cher lecteur, le bandeau de la prévention se trouvait sur bien des yeux, et puis, vous le savez, tout n'est pas rose dans un jardin, tout n'est pas plaisir dans la vie ; là, près de la fleur est l'épine ; ici, la tristesse est à côté de la joie. Quoi donc ? Le plaisir de faire le bien était-il trop doux pour Monsieur l'abbé Garravé ? Ah ! je comprends que Dieu ne veut pas de parfait bonheur en ce monde. Comme il arrive souvent que quelque nuage vient altérer la sérénité des plus beaux jours, les douceurs que goûtaient Monsieur l'abbé Garravé n'étaient pas sans mélange d'amertume ; aussi sa position pénible avait jeté sur son caractère naturellement gai je ne sais quel voile de mélancolie !

Ecoutez ce qu'il disait lui-même un jour : « Les « contre-goûts sont bons comme une amertume, ils « font agir la volonté pour les prendre et fortifient « ensuite. Si tout nous venait en douceur, que serait- « ce de nous à la fin, au choc terrible de la mort ? « C'est l'amour de Dieu qui peut seul nous soutenir « au milieu des épreuves : nous sommes jetés ici- « bas comme de pauvres navigateurs ballottés par les « flots ; la religion catholique est la boussole qui peut « nous conduire au port, tandis que ceux qui ne la « prennent pas pour guide sont infailliblement perdus. « Si nous restons inébranlables dans nos bons senti- « ments, nous ne serons jamais malheureux ; car, au « fond de la coupe d'amertume dont on est abreuvé, « il restera toujours une goutte de miel qui rafraîchira

« nos lèvres : ce sera le sentiment d'une conscience
« sans reproche »

Monsieur l'abbé Garravé avait pour lui le bon témoi-
gnage de sa conscience ; c'est le premier des biens.
Aussi quand il fut obligé de rompre des liens chers à
son cœur, il agit, en cette circonstance, comme Dieu
l'exige ; aux injures les plus graves il opposa la douceur, à l'orgueil, l'humilité; il souffrit sans se plaindre,
sans désirer se venger ; il faut espérer que Dieu lui en
a tenu compte.

Son plan , disait-on , était incompatible avec les
usages de la maison. Cependant, j'ose avancer qu'il
fut toujours fidèle au plan de conduite qu'on lui avait
tracé ou qu'il s'était tracé lui-même, et qu'il ne s'en
écarta jamais, à moins que des devoirs impérieux ne
l'obligeassent à le faire. Dans ce dernier cas, il se
prêtait aux circonstances sans témoigner ni ennui ni
contrariété ; car il n'avait qu'un désir, faire la volonté
de Dieu, et il voyait cette volonté en tout, dans les
petites comme dans les grandes choses.

Il quitta donc Polignan, mais sans cesser d'être uni
de cœur avec l'estimable société et surtout avec ses
anciens élèves qu'il regardait comme une famille.
Néanmoins sa conduite a bien montré que cette sépa-
ration n'avait rien changé à ses sentiments pour une
maison qu'il considéra toujours comme un des plus
précieux asiles de la science et de l'esprit ecclésiastique.

En quittant le Séminaire, Monsieur l'abbé Garravé
fut nommé vicaire à l'Isle-en-Dodon. C'est là que je

me le représente quelquefois dans un de ces moments
de vérité où l'âme isolée se replie sur elle-même et
sonde toute la profondeur de ses infortunes. Il ne
trouve plus autour de lui ses anciens amis. Quoi donc?
tous ses liens sont-ils rompus ! Non, non, les sympa-
thies de ses amis ne l'abandonnèrent jamais et surtout
il eut un ami véritable qui occupa toujours la première
place dans son cœur, un consolateur assidu dans
lequel il oubliait ses malheurs, un bienfaiteur géné-
reux qui voyait les vertus de cette âme pure et sublime ;
c'est de Dieu que je parle.

Oui plein de confiance dans le Seigneur, il vit ses
forces se renouveler de jour en jour. Quand il crut
être à bout et n'en pouvoir plus, tout d'un coup il
poussa des ailes semblables à celles d'un aigle ; il
marcha et ne se lassa point, car tel est le langage
de l'Écriture qui nous dit : « Marchez âme pieuse,
marchez, et quand vous croirez n'en pouvoir plus ,
redoublez votre ardeur et votre courage, car le Seigneur vous soutiendra. » Que de fois on a besoin de
ce soutien ! dis, âme faible, chancelante, défaillante,
que deviendrions-nous sans le secours divin?

Si parfois Monsieur l'abbé Garravé succombait à
l'ennui, tout de suite il avait recours à la prière ; la
prière qui calme. Puis il se livrait à de religieuses
lectures. Il voulait voir et connaître la religion infinie
en merveilles et en admirations. Le besoin de son
cœur le portait de ce côté, il n'était satisfait que par
les choses divines. Ce fut de tout temps, mais plus
encore quand les charmes qui restaient dans la vie et

qui nourrissaient l'âme furent perdus. Heureux sommes-nous quand l'esprit de Dieu vient sur ce vide et y fait une création !

On se souviendra longtemps à l'Isle-en-Dodon de Monsieur l'abbé Garravé, de son talent, de son zèle ; on se souviendra des paroles touchantes qu'il prononça sur la tombe du digne prêtre qu'il venait de perdre, Monsieur l'abbé Payrau d'heureuse mémoire. C'est le tribut de ses larmes qu'il apporta alors, bien plus qu'un tribut de louanges. Les larmes viennent les premières, et en présence d'un cercueil elles coulent facilement. Il pleura avec toute la paroisse de l'Isle-en-Dodon Monsieur l'abbé Payrau : et ses larmes devinrent un éloge et le meilleur éloge.

Après la mort de M. Payrau, il était tout occupé du troupeau qui lui était confié et il recueillait abondamment les fruits de ses travaux, lorsqu'il fut nommé vicaire à l'insigne basilique de St-Sernin. Ce nouveau titre annonçait d'une manière sensible l'opération du Très-Haut et marquait l'estime que Monseigneur avait pour lui.

Quand vint le moment de dire le dernier adieu à ses chers paroissiers, il assura qu'il n'aurait jamais voulu les quitter, mais que puisque la providence en avait ordonné autrement, c'était à eux comme à lui à respecter ses décisions. Il ne manqua pas d'ajouter qu'ils lui seraient toujours présents devant Dieu. Il les conjura aussi à son tour de ne pas l'oublier dans leurs prières, et il répéta plusieurs fois qu'il en avait un grand besoin.

S'il est permis à un Pasteur d'être tendrement aimé de son peuple, Monsieur l'abbé Garravé doit être bien consolé. Il n'eut pas plus tôt annoncé son départ que les larmes coulèrent des yeux de tous les assistants.

Son arrivée fit autant de plaisir à St-Sernin que son départ avait causé de peine aux habitants de l'Isle-en-Dodon. Monsieur l'abbé Garravé s'était déjà rendu justement recommandable par ses vertus et son talent aussi, il ne faut pas s'étonner si, dans ses sermons et ses prones, on remarquait à St-Sernin, outre une foule nombreuse, de jeunes étudiants qui, sans doute, n'étaient pas uniquement attirés par la curiosité d'entendre des choses bien dites, mais encore pour le plaisir d'entendre des choses bien pensées. Ses sermons étaient toujours ce qu'ils devaient être, pleins de douceur et de charité, — l'Evangile n'a pas un autre langage, — et la jeunesse ne pouvait rapporter de St-Sernin que d'heureuses impressions, un attachement plus éclairé et plus vif aux saines doctrines qui sont les seules gardiennes des mœurs, des lois, un respect plus profond pour l'autel.

Une de ses joies c'était de donner de sages conseils à la jeunesse, afin qu'elle attache plus d'importance encore à la culture de l'esprit et au développement de l'intelligence, que le siècle actuel n'en attache à l'exploitation de la matière et aux progrès mécaniques dont il est trop épris et trop fier.

Bientôt grâce à ses pieuses exhortations, il eut la consolation de voir des jeunes gens, qui hélas ! avaient déjà oublié Dieu, s'approcher des saints mystères avec une frayeur mêlée d'amour et de reconnaissance.

Beaucoup de méthode et de précision, un mélange de raisonnement et d'éloquence, la pureté du style, voilà les qualités qui attiraient à ses discours pendant tout le mois de Marie un auditoire nombreux et choisi Ses discours firent une grande impression sur bien des hommes estimables capables d'apprécier son mérite.

Je passe sous silence mille détails. Pour énumérer toutes les excellentes qualités de celui dont je ne veux qu'exquisser la vie, il me faudrait un livre entier ; et cependant cette vie dont tous les instants durent être pleins de mérite devant Dieu, n'offrit rien en apparence que de simple et d'ordinaire. Loin d'agir par ostentation pour obtenir de vaines louanges, il cherchait sans cesse à s'effacer, à cacher tout le bien qu'il fesait sous le voile d'une modestie profonde. Cette humilité rendait son commerce des plus faciles, des plus agréables.

Il n'était pas fait pour sentir comme les autres, comme ceux qui reçoivent du monde leurs pensées et leurs affections. Il fesait retraite, si je puis m'exprimer ainsi, il était dans sa cellule presque à tout heure pour écrire, lire ou prier. De temps en temps l'âme a besoin de se trouver en solitude, de se recueillir loin de tout bruit Hé bien, il écrivait ce qui se passait dans l'âme et au dehors, et de la sorte il retrouvait jour par jour tout le passé. Je voudrais bien avoir ses œuvres, ses poésies, et surtout ses lettres qui sont des trésors, de petites merveilles d'esprit et de tendresse, Là c'est le cœur, c'est l'âme, c'est l'intime, ce qui fesait sa vie, que l'on croit voir. Dans sa cellule encore il aimait à ouvrir l'*Echo des Humanités* et lorsqu'il lisait quelques pages de ce cahier, c'était pour lui un plaisir délicieux ! il se retrouvait là comme dans un miroir qui gardait les jeunes traits de ses chers élèves qui étaient pour lui ce que la fleur placée sur la fenêtre d'une prison est pour le prisonnier qui la cultive.

Etait-il fatigué des sérieuses études de la théologie, il cultivait la bonne littérature. Il aimait les classiques anciens, dont il se plaisait à citer les passages les plus remarquables, les plus belles pensées et les maximes les plus sages. Souvent on le trouvait se délassant, Athalie à la main.

Monsienr l'abbé Garravé goûtait le plaisir de faire le bien à St-Sernin, lorsque Dieu voulut de plus en plus purifier cette âme qu'il se disposait à rappeler à lui, et faire briller d'un nouvel éclat son entière soumission en lui enlevant le 22 juin son cher et vénéré doyen, Monsieur l'abbé Suberville. Une tendre charité avait uni ces deux âmes. Le don de discerner les esprits qu'ils possédaient éminemment, leur avait dicté ce qu'ils devaient penser l'un de l'autre. Monsieur l'abbé Garravé n'avait pas craint de dire que Monsieur le Curé de St-Sernin était un des plus saints prêtres qu'il eût jamais connus. Il fallait donc trouver des parfums pour embaumer la mémoire de Monsieur l'abbé Suberville.

Monsieur l'abbé Garravé sut s'acquitter d'un tel devoir. Quand le jour de la cérémonie funèbre arriva, elle rappela à ses souvenirs celle à laquelle il avait

assisté, il y avait à peine quelques mois, et où il rendait les mêmes honneurs à cet autre illustre prêtre
Monsieur l'abbé Payrau. Ces deux prêtres il les avait
connus et aimés, et il vécut assez pour payer à l'un et
à l'autre un tribut de reconnaissance et en même temps
un tribut de louanges. Tout le monde a lu ou a entendu
parler de sa Notice sur Monsieur l'abbé Suberville, où
l'on trouve une facilité excessive, le don de dire sim-
plement toutes choses, et de s'élever des plus petites,
par un mouvement naturel aux plus hautes.

Mais hélas! à l'étonnement de tout le monde, Monsieur l'abbé Garravé suivit de près son cher Curé dans
la tombe. Il tardait donc à Dieu de couronner ses
vertus ? — Je ne sais pas les secrets de la Providence,
et je n'ai point la prétention de vouloir les pénétrer,—
Monsieur l'abbé Garravé tomba malade huit ou dix
jours après la mort de Monsiour Suberville. Quelle
fut la cause de sa maladie ? On l'ignore, je sais seule-
ment qu'il souffrait depuis longtemps sans se plaindre.
l'altération de ses traits aurait pu causer de l'inquié-
tude ; mais en le voyant gai, toujours aussi actif, ne
retranchant rien à ses occupations ordinaires, les
inquiétudes se calmaient. Ah ! il ne fesait pas voir à
tout le monde ces petits nuages qui passent et repas-
sent ici-bas! « Il n'est pas bon, disait-il à ses amis,
qu'on les voie et qu'on connaisse autre chose de moi
que le côté calme et serein. »

Cependant le mal en très peu de temps fit de rapides
progrès, et notre excellent ami ne s'abusa pas un seul
instant Il comprit que la mort était inévitable, et il ne

songea plus qu'à se tenir prêt à répondre à l'appel divin, à faire au Seigneur le sacrifice, non pas tant de sa vie, mais le sacrifice de tous ceux qu'il aimait, et dont il était tendrement aimé. Ce sacrifice était immense et son cœur dut se briser bien des fois à la vue de cette pieuse mère, dont les regards inquiets étaient constamment fixés sur lui ; à la vue de sa sœur qui voulait disputer à la mort ce frère tant aimé ; à la vue de ses amis qui s'efforçaient en vain de lui cacher leurs larmes, et qui, groupés autour de lui, épiaient ses moindres désirs , l'entourant à l'envi des derniers témoignages de leur tendresse.

Le 6 juillet il se trouva beaucoup plus mal, et son état quoique inquiétant n'offrait aucun symptôme qui fit pressentir une fin aussi prochaine , quand tout à coup l'enflure se déclara aux jambes. Quoique dans le délire, il avait parfois sa présence d'esprit et souriait à ceux qui allaient le voir. Mais hélas ! le Dieu qu'il avait reçu si souvent avec tant d'amour était plus près de lui qu'il ne le supposait. Dans la nuit même, l'enflure augmenta d'une manière effrayante, et l'oppression devint si forte que Monsieur l'abbé Roquebert, son cher confrère, que la foi et l'amour retenaient presque sans interruption près de la couche funèbre, comprenant aussitôt le danger pressant qui menaçait le pieux et cher malade, lui donna le sacrement du salut.

Le lendemain, 7 juillet, à cinq heures du matin, il avait cessé de vivre. Il n'avait pas encore 30 ans. — Mon Dieu que c'est triste de mourir loin des siens, loin de chez soi ? — Cette mort vint trop tôt, si je puis parler ainsi, pour tous ceux à qui il était cher, pour sa bonne et pieuse famille, dont il était la consolation, l'âme et la joie. Elle causa dans la ville une douleur générale ; les regrets étaient unanimes, son éloge était dans toutes les bouches. Le jour même de son décès il resta quelque temps exposé sur son lit mortuaire. Il paraissait dormir d'un paisible sommeil. Ses lèvres que le souffle de l'agonie n'avait pas ternies, portaient le sourire de la paix, et ses mains croisées sur sa poitrine, serraient dans une suprême et dernière étreinte les trois armes de ses combats dans cette vie, et de ses triomphes dans l'autre ; son bréviaire, son chapelet et son crucifix.

Un de mes condisciples qui a eu le bonheur de jeter quelques gouttes d'eau bénite sur son cadavre, en signe d'adieu, m'a dit que ce sentiment d'horreur, d'indéfinissable effroi que l'on éprouve en présence d'un mort, disparaissait auprès de ses restes mortels pour faire place aux impressions les plus consolantes. Auprès de lui les larmes coulaient moins amères ; en le voyant, l'espérance qu'on avait de son bonheur devenait presque pour tous une certitude, et il semblait que son âme bienheureuse avait laissé sur l'enveloppe mortelle qu'il venait de quitter, l'empreinte de sa béatitude.

Les cérémonies funèbres eurent lieu d'abord à St-Sernin — ce jour là même Monseigneur disait : « C'est un de mes meilleurs sujets qu'on enterre là. » Puis son corps fut transféré à St-Bertrand. C'est là qu'il fut enseveli le 8 juillet dans les regrets et les larmes de tous, De pauvres femmes disaient en allant au cimetière : « Celui-là n'aurait jamais dû mourir, » et elles priaient en pleurant pour sa bonne mort. Voilà qui donne à espérer pour son âme : « des vertus qui nous font aimer des hommes doivent nous faire aimer de Dieu. »

Oui Monsieur l'abbé Garravé s'est éteint comme un astre qui, dans son cours, n'a répandu sur la terre que de bénignes et de salutaires influences ; il a passé honorant les jours de prospérité par ses vertus, les jours de disgrâces par le plus ferme courage. Oh ! qu'ils sont dignes de respect, ceux qui ont ainsi l'esprit de Dieu, qui passent en faisant le bien ! On les vénère comme des reliques. On n'estime pas ceux qui en disent du mal.

UN ADIEU.

« Ami tu nous as quittés, tu es mort, peut-on dire,
« avec ton printemps. Tes désirs, parfums de ton âme,
« s'envolaient tous au ciel et tu les a suivis Tu t'en es
« allé là-haut rejoindre *ces anges de pureté que le*
« *monde vit la durée d'un jour.*

« Dieu n'a pas voulu te laisser vieillir. Cette fleur
« du paradis, la chasteté divine, pareille aux plantes
« d'un sol privilégié, ne peut-elle donc vivre ailleurs
« que dans son air natal ? On le croirait si Dieu n'en
« accordait souvent l'exemple au monde, et l'aimable
« mérite à ses saints. Mais tel est cependant son prix
« inestimable, que le Très-Haut s'en montre pour ainsi
« dire jaloux. Prodigue envers elle des honneurs dont
« laterre est avare, il ne l'expose pas longtemps au
« souffle des corruptions humaines. Il la laisse voir, il
« la laisse briller un moment, et se hâte aussitôt d'en
« orner son empire, ou dans la gloire d'une éternelle
« beauté, elle s'épanouit sous la douceur éternelle des
« regards divins. »

« Adieu cher ami ! Adieu professeur bien-aimé !
repose en paix. Tu vivras toujours dans mon cœur, et
combien je préférerai à tous les objets aimables le
souvenir que je garderai de toi. Non, la mort ne nous
séparera pas, ne t'ôtera pas de ma pensée. Ton âme est
au ciel, et le ciel est le lieu du bonheur. Pauvre ami,
tu n'en as eu guère ici-bas, de bonheur ; ta vie si

courte n'a pas eu le temps du repos ! Que j'aurais voulu
te voir, baiser ta main, pour la dernière fois, sur ta
couche funèbre ! Ah ! du moins je t'ai suivi dans le
cimetière, dans la tombe, prié et pleuré pour toi avec
mes condisciples qui comme moi ont été tes chers
élèves. Nous avons voulu te donner *cette dernière mar-*
que d'affection et t'accompagner de nos prières jusqu'au
bord de l'autre monde.

« Mon ami, est-il bien vrai, ne te reverrons-nous
plus nulle part sur la terre ? Oh ! moi je ne veux pas
te quitter ; quelque chose de doux de toi me calme, fait
que je ne pleure pas. Et vous aussi, vous tous, parents
désolés, ne pleurez plus ce cher fils. Dieu vous l'a ôté.
Pourquoi sitôt ? Point de plaintes, Dieu n'en veut pas
pour ce qu'il nous ôte et pour quelques jours de sépa-
ration. Consolez-vous, votre fils était votre espoir sur
la terre, il le sera aux cieux ! »

L'un de ses anciens Elèves,

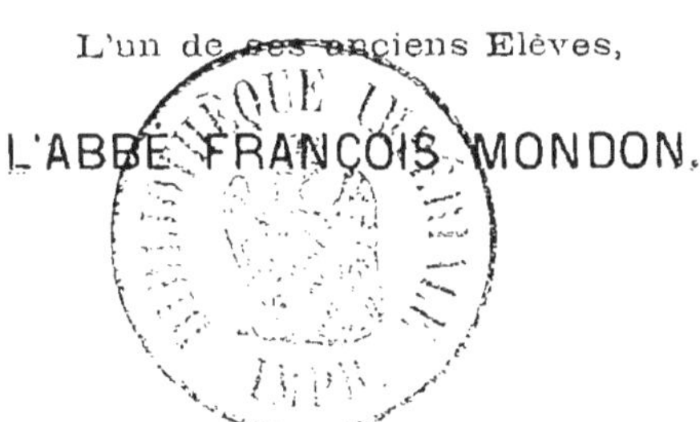

L'ABBÉ FRANÇOIS MONDON.

Lith. Ch. Martain.

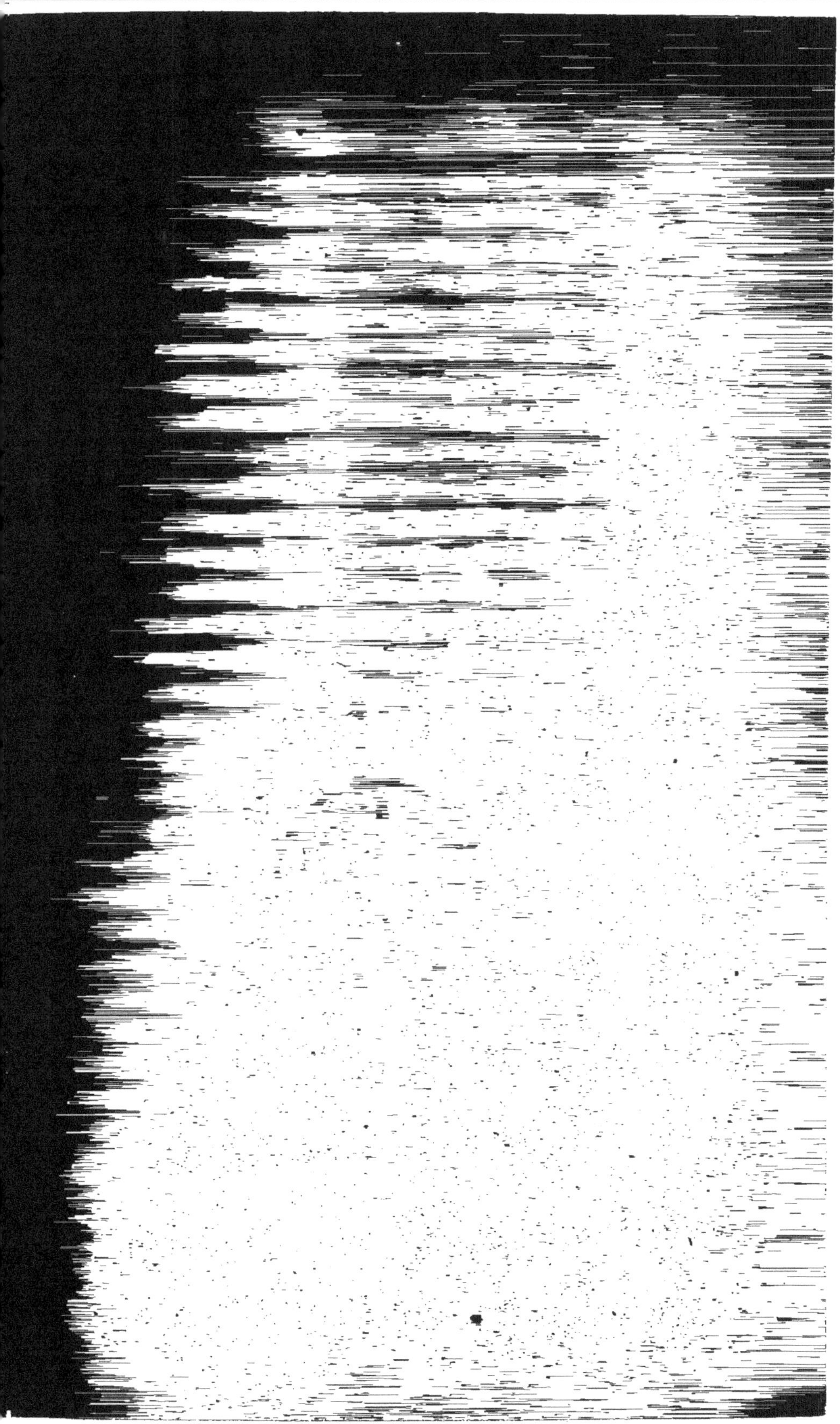

Je soussigné déclare faire
dépôt d'une brochure intitulée
Notice sur M. l'abbé Gassi[...]
Marseille, le 18 8bre 18[...]